BLONDES

ET

BRUNES

PAR

CHARLES DIGUET

AUX DÉPENS DE LA COMPAGNIE

Et se trouve à Paris

10, RUE DE LA BOURSE, 10

M DCCC LXVI

BLONDES ET BRUNES

Tiré à 250 exemplaires numérotés
et rien que sur ce papier.

No

BLONDES

ET

BRUNES

PAR

CHARLES DIGUET

OCCVPA PORTVM

IOV AVST

AUX DÉPENS DE LA COMPAGNIE

Et se trouve à Paris

10, RUE DE LA BOURSE, 10

M DCCC LXVI

A ELLES

A ELLES.

A vous les filles d'Ève, à vous Brunes et Blondes,
Amoureuses d'un jour, à vos minois charmants,
A vos formes de reine, à vos épaules rondes,

A vos yeux bleus, noirs, verts, à vos rires d'enfants,
A vos bouches de rose, à vos lèvres de fraise ;
A vous toutes enfin, dont les petites dents

Ont avec moi croqué, tout en vous pâmant d'aise,

Les bons fruits veloutés du beau jardin d'amour,

J'offre ce souvenir : j'ai souci qu'il vous plaise !

Eh ! qui sait ? Le hasard fera peut-être un jour

Nos yeux se rencontrer : alors la souvenance

Ébauchera pour nous un facile retour.

Un souvenir à toi, beau reflet de Régence,

A toi, belle Paula, toi dont le front divin

Du bleuâtre japon garde la transparence.

Une page pour toi... dont la gorge en ravin

Laisse si bien, malgré l'impertinent corsage,

Errer les doigts friands sur ta peau de satin.

Un mot pour toi, Lucy, dont le charmant bagage,

Le chapeau tout petit, le pied cambré mignon,

La bouche ardente et fraîche et l'œil coquin d'un page,

Ont accroché mon cœur à ton doré chignon

Un souvenir à vous, Émerance, Marie,

Valentine, Amara, Camille à l'air grognon.

Lucette, Éva, Lys d'or... Ravissante féerie

De beautés de tout genre, enfants roses et blonds,

Brunes au sang vermeil, — ma douce rêverie !

Délicieux profils, bras satinés si ronds,

D'où venez-vous enfin? Que fûtes-vous naguères:

Filles de châtelains, aujourd'hui vagabonds.

Lutins, stryges aimés, d'origines princières,

A vous ces souvenirs. Fi des bravos romains !

A mes vers blonds et bruns il ne faut, mes très-chères,

Que les bravos coquets de vos petites mains !

7 novembre 1864.

1.

SONNET

SONNET

Sur ton oreiller blanc rehaussé d'angleterre
Épands à flots, Lucy, l'or blond de tes cheveux.—
Dans tes draps de batiste enfonce-toi, très-chère,
Niche bien ton corps rose et tes beaux seins frileux.

Sous l'épais édredon, comme en un chaud repaire,

Cache tes petits pieds, si mignons que les deux

Tiendraient dans mes cinq doigts. Je t'apporte une paire

De brodequins de nuit en chinchilla soyeux.

Enfouis ton menton dans ces flots de dentelles ;

Il viendra le jour où tu coucheras sans elles :

On te dépouillera de ce charmant confort.

Prends beaucoup de chaleur pour la grande veillée :

La femme dans la tombe est si mal habillée !

Et puis, il fait tant froid sous la terre où l'on dort !

MON CACHE-NEZ BLANC

MON CACHE-NEZ BLANC

Une nuit qu'il tombait du givre,
Je sortais du bal avec toi ;
Je chancelais comme un homme ivre,
Et je te dis tout bas : — J'ai froid.

2

Tu pris la batiste brodée
Dont tu couvres ton sein, le soir,
Et ta petite main gantéc
La mit à mon cou. — Le temps noir

Nous fit hâter le pas. — A peine
Entré, je m'approchai de toi,
Et je dis, en ôtant ta chaîne :
« Mazul, mon cher cœur, j'ai bien froid. »

Alors tu fis choir sur ta hanche
Ta robe, et je sentis, pesants,
Simulant une écharpe blanche,
Autour de mon cou tes bras blancs.

Puis te grandissant, ma petite,
Tu dis : « Comme il fait bon chez soi !
Sens comme mon cœur a chaud. Vite,
Trésor, viens ! » — Je n'avais plus froid !

C'est que, vois-tu, belle maîtresse,

L'écharpe qu'il faut aux amants,

C'est l'anneau, mieux encor la tresse

Que forment au cou deux bras blancs.

SES COMMANDEMENTS

SES COMMANDEMENTS

Par un clair jour de mai plein de dives senteurs,
La divine Paula me fit approcher d'elle :
Dans ses grands yeux flottaient de suaves langueurs.

Sur ses genoux rosés recouverts de dentelle,
Elle appuya ma tête, et, baisant mes cheveux,
La mignonne chanta deux vers de villanelle.

Tout à coup s'arrêtant, son regard amoureux

S'assombrit : « Ma chère âme ! Écoute ma prière,

« Dit-elle, écoute-bien ; et promets : je le veux !

« Quand je ne serai plus, tu prendras ta très-chère,

« Ta Paula bien-aimée : en un bain parfumé

« Des diverses odeurs que tu connais lui plaire

« Tu laveras son front et son corps tant aimé.

« Puis, pour éponger l'eau, tu prendras dans l'armoire

« Un mouchoir en linon, de longtemps enfermé.

« Te souvient-il, ami, de sa petite histoire :

« Ce fut lui qui sécha mes pauvres yeux en pleurs

« Lorsque je t'attendis une longue nuit noire.

« Depuis, il est avec les souvenirs dormeurs. —

« Après ce dernier bain, caprice de païenne

« Amoureuse des sens, de bien-être et de fleurs,

« Avant de me poser dans la bière gardienne,

« Tu me revêtiras de mon plus fin peignoir,

« De mon peignoir brodé garni de valencienne.

« Car je veux être belle, étonner l'homme noir

« Qui viendra constater que ta maîtresse est morte,

« Et je veux qu'à ma bouche il présente un miroir !

« Alors, pour m'embrasser, tu pousseras la porte ;

« Avec un chaud baiser tu fermeras mes yeux.

« Après quoi, mon cher cœur, tu diras qu'on m'emporte !

« J'oubliais : ne va pas couper mes long cheveux :

« Ils me coiffent si bien de leurs soyeuses franges !

« Puis, je dois être belle afin d'aller aux cieux

« Embrasser sainte Paule et mes frères les anges ! »

22 octobre 1864.

LA NEIGE A DU BON

LA NEIGE A DU BON

Un cercle bistré contournait
Ses yeux noirs. — Sa gorge arrondie
Et chaude et ferme frissonnait
Sous la main qui restait gaudie.

L'an dernier, c'était en hiver,

A travers la vitre gelée

Nous regardions neiger. — Dans l'air

Voltigeaient les flocons, — volée

D'étoiles blanches. — Les passants

Étaient blancs : « Dieu, quel temps ! ma belle.

Comment sortir ? » Montrant ses dents,

Elle sourit : « Vois ! » me dit-elle,

En dégrafant le cygne blanc

Qui couvrait ses épaules roses :

« Sous les flocons, ami, sois franc,

« Il est parfois de bonnes choses ! »

J'oubliai qu'il neigeait !... Le nom

De la belle ? dit-on. — Son âge ?

Je tairai même son prénom.

Son âge vous fait peu, je gage.

Qu'elle ait seize ou vingt·ans, ou plus.

Elle dort au *Père Lachaise*.

Quand on mit la terre dessus

Elle en avait à peine seize !

LYS D'OR

LYS D'OR

Sa gorge était si blanche et ses cheveux si blonds
Qu'on la nommait Lys d'or! C'était le plus beau rêve
Que l'amour ait conçu. Ses deux petits seins ronds
Eussent surpris Laïs, l'antique fille d'Ève.

Elle avait dix-sept ans. Adorablement pur,

Son front était celui d'une vierge chrétienne.

On surprenait souvent à flâner dans l'azur,

Chastes comme des lys, ses yeux d'or de Lesbienne.

Tout à coup son regard devenant le rayon,

On se sentait baigné d'une onde de lumière ;

La vierge n'était plus ; c'était Lys-Marion :

On la prenait pour femme et le ciel pour chaumière.

C'était au mois de mai, ce beau mois des amours,

Ce mois de floraison des lilas et des filles.

L'air tiède à la vertu jouait de mauvais tours :

Bataille de parfums, chansons sous les charmilles.

Pendant ce mois fleuri, sans trop savoir pourquoi,

La vierge est un peu folle, elle aime Marguerite

A la fontaine, au temple avec un beau Faust, quoi !

Elle aime les parfums, l'inconnu la visite.

L'incomparable hybride au beau nom de Lys d'or,

Chaste vierge à son heure, à son heure Lesbienne,

Avait d'un linon clair revêtu son trésor ;

Lys était en peignoir de trame aérienne !

Aussi blanc que son corps, le tissu laissait voir

Une forme indécise, adorable, irritante.

La déesse sourit et me dit « A ce soir ! »

Ses cheveux obombraient sa nuque étincelante !

A l'heure du berger, belle à damner les saints,

Lys parut. Elle avait échangé sa toilette ;

On voyait la merveille exquise des deux seins !

Sa parure, c'était sa nudité complète.

Un ornement unique ! Un cercle d'or poli

Relevait ses cheveux à la manière Empire.

Elle dit : — « Trouves-tu ce vêtement joli ? »

Jamais mode à Longchamps ne causa tel délire !

Je m'en souviens, Lys d'or, je mordillai tes seins.
Tu crias. Que veux-tu ! Je croyais voir des fraises !
J'embrassai mille fois tes deux mignonnes mains.
Dénouant tes cheveux, je leur dis des fadaises.

Puis par pudeur enfin, timide et jeune encor,
Je sculptai promptement à tes bras venus roses
Un manteau de baisers. Tu m'as dit, mon Lys d'or,
Qu'un tel linon valait gaze et mille autres choses !

AMARA

AMARA

L'été dernier souvent on voyait à Mabille

Une fille chétive. Elle vous regardait

D'une manière étrange : on eût dit un reptile.

Ses yeux semblaient pleurer quand sa bouche riait.

4

Comme un phare brillant, elle attirait vers elle.

Nous l'avions appelée Amara : triste nom

Pour la femme, surtout quand cette femme est belle !

Amara n'aimait rien excepté son surnom. —

Parfois, elle disait : « La plus grande amertume

Est, dit-on, dans le fiel ! Insensés ! et mon corps,

N'est-il pas plus amer que le corps qu'on exhume

Et d'où sortent les vers, ces compagnons des morts !

Un jour elle ajouta : « Ma mère m'a vendue,

J'avais alors quinze ans ; et depuis ce temps-là

Tout le monde m'appelle une fille perdue.

Amusez-vous ailleurs, car je suis Amara. »

INSONDABLE

INSONDABLE

Me dirais-tu, friponne,

Pipeuse d'amoureux,

Pourquoi j'aime tes yeux

Et ta bouche mignonne?

Me dirais-tu pourquoi,

Comme une ame insensée,

Sans cesse ma pensée

Se dirige vers toi?

Ta chaire est-elle faite

De boutons rose thé?

Serais-tu la beauté

Que mon âme souhaite?

Ta bouche, cependant,

Si petite et rosée,

Si joliment posée,

Trompe à chaque moment.

Cependant tes yeux d'ange,

Tes yeux verts si câlins,

Ont des regards félins

Sous leur soyeuse frange.

Ta chair a les odeurs

De vitiver et d'ambre

Qui parfument la chambre

Des actrices tes sœurs.

Cent fois ta gorge ronde,

Qu'un ruban d'or retient,

A rompu son soutien

Pour plaire à tout le monde !

Qui donc pousse mes sens

A chercher sur tes lèvres

Les plaisirs dont tu sèvres

Tes bizarres amants ?

Serais-je fou ? n'importe !

Vampire ou bien démon,

Camille, ange mignon

Entrebâille ta porte ! ! !

LE PREMIER BAISER

LE PREMIER BAISER

Te souvient-il, Estelle

De mon premier baiser ?

Crois-moi, ma toute belle,

Rien ne peut l'effacer.

C'était à la nuit close,

Le long d'un grand chemin,

Sous ta mantille rose

J'avais passé ma main.

Ta taille frémissante

Se courba sur mon bras;

Sur ta lèvre charmante

Je dis amour bien bas.

Depuis, en confidence

Tu m'as souvent conté

Que ce baiser d'enfance

Avait fait ta beauté.

Puisqu'un baiser, mon ange,

Transforme ainsi les traits,

N'est-ce pas bien étrange

De n'y penser jamais?

LES CHEVEUX DE MADELEINE

LES CHEVEUX DE MADELEINE

J'ai trouvé l'autre jour, dans un coffret d'ébène
Fermé depuis longtemps, des cheveux noirs et blonds.
Pourquoi donc l'ai-je ouvert, ce coffret, Madeleine?
Parmi tous ces cheveux en souvenirs féconds,

Autrefois enlevés à des têtes charmantes

Par de charmantes mains, j'ai reconnu les tiens,

Ces cheveux blonds dorés dont les boucles brillantes

Roulaient sur ton cou blanc comme un flot de sequins.

Un reste de parfum s'exhalait de leurs tresses ;

J'ai même retrouvé des grains de poudre d'or,

La poudre que j'aimais, dans nos nuits de tendresses,

A déverser à flots sur ce royal trésor !

J'ai tout revu : jours, nuits et jusqu'à nos folies.

Te souviens-tu d'alors ? — Dans ton enivrement,

Et laissant dérouler sur tes hanches polies

Ces mêmes cheveux blonds, tu dis superbement :

« Où donc est la fadeur dans la coupe profonde

Des plaisirs ? Nous avons tous deux bu tour à tour,

Et mes lèvres, depuis que je suis dans ce monde,

N'ont point trouvé de fiel ! — Buvons ! vive l'amour ! »

Puis, te cambrant, ta hanche ainsi qu'une margelle

Faisait pleuvoir sur moi tout l'or de tes cheveux,

Qui sur ton corps roulaient comme une cascatelle.

Nous tarissions alors la coupe des heureux.

Il arriva qu'un jour, un moment de délire

Te fit avoir frayeur de ton trop de beauté.

« Coupez donc ces cheveux qui vous feront maudire, »

Te dit-on. Tu craignis. — L'avis fut écouté.

Pauvres cheveux ! Ils sont dans mon coffret d'ébène.

Penses-tu quelquefois, dans ton cloître malsain,

Qu'ils te coiffaient bien mieux qu'un voile, Madeleine,

Et qu'à cette heure encor, je les tiens dans ma main ?

3 juin 1863.

5.

A L'ENFANT D'UN RÊVE

A L'ENFANT D'UN RÊVE

Je voudrais, ô mon Ange !
Être pour un instant
La vague dont la frange
Baise tes pieds d'enfant ;

Je voudrais être brise

Pour folâtrer joyeux

Dans la boucle qui frise

Au bout de tes cheveux.

Bienheureuse la rose

Que tu prends le matin,

Et qui le jour repose

Frileuse dans ton sein !

Donne-la-moi fanée,

Mieux elle me plaira

Quand ta peau satinée

Tiède me la rendra.

Que ne puis-je te prendre

La perle que le jour

A ton cou je vois pendre !

Quand un rêve d'amour,

La nuit, de sa blanche aile,

Fait frissonner ton cœur,

Elle est sur toi fidèle,

Moite de ta moiteur !

Je te vois dans mes songes,

Et mon œil indiscret

— Mais ce sont des mensonges —

Se transporte en secret

Dans ta vierge retraite,

Te découvre à demi,

Voit ton âme distraite

Et te couve endormi.

Mais, ô rêve ! ô folie !

Je t'adore, et jamais

Encore de ma vie

N'ai dit que je t'aimais,

O ma belle inconnue !
Je te vois bien souvent,
Et ne suis à ta vue
Que ce qu'est un passant.

Chaque jour que Dieu donne
T'apporte du bonheur,
Et ta lèvre fredonne
Comme sur une fleur
Ferait l'heureuse abeille.
Chante, chante toujours,
Sur ta lèvre vermeille
Voltigent les amours !

MAZUL

MAZUL

Pâle, les yeux cernés et la bouche entr'ouverte,
Le matin d'une nuit dérobée au sommeil,
Ses cheveux blonds épars, la gorge découverte,
Mazul dormait enfin ; — mais l'esprit en éveil

Rêvait, rêvait encor. Sa poitrine agitée
Se gonflait comme un flot que soulève le vent,
Et sa fiévreuse main, hors de son lit jetée,
Froissait de son drap blanc le tissu transparent.

Qui donc avait ainsi fatigué vos paupières,
Ma belle vaporeuse? Était-ce le plaisir
Dont les bras en délire avaient des nuits entières
Étreint votre beau corps, tué votre désir?

Ou bien était-ce un songe aux ailes irisées
Qui faisait de la sorte onduler votre sein,
Dirigeait vers le ciel le cours de vos pensées
Et crispait à ce point les doigts de votre main ?

Vous ne répondez pas, imprudente rêveuse!
Eh bien, moi, je le sais : le plaisir cette nuit
N'a pas fait frissonner votre gorge amoureuse;
Vous ne rêviez à rien, mais vous pensiez à lui,

A lui qui hier encore à vos boucles cendrées

Mariait en dansant le noir de ses cheveux.

L'amour de votre cœur a franchi les entrées.

Mazuj, ne dis pas non : — tu voudrais être deux !

UNE TÊTE DE GREUZE

UNE TÊTE DE GREUZE

Elle avait un doux nom : on l'appelait Marie.

Sa mère l'adorait comme on adore Dieu,

Elle eût vendu Jésus pour son enfant chérie :

Voilà pourquoi l'esprit un jour lui dit adieu.

Marie avait vingt ans, les yeux doux comme un ange
Et point d'amour au cœur. — Elle aimait le soleil
Comme les fleurs de juin. En une heure tout change :
La nature dormait, — Avril fut le réveil.

C'était le deux, je crois ; elle attendait sa mère.
— La mère avait boutique au coin d'un boulevard
Et vendait des tableaux ; c'était une antiquaire.—
Le bon ange partit et fit place au hasard,

Un désœuvré passa cherchant une peinture,
Soi-disant amateur et n'y connaissant rien ;
De pied ferme il entra, vit la miniature,
Un vrai type à damner un théologien.

Un Greuze palpitant, resplendissant de vie
Et signé du bon Dieu — signature sans prix —
Qui vaudra bien toujours la meilleure copie
Qu'ait faite jamais l'art de ses types exquis.

Comme une enfant de Greuze, elle avait pour couronne

Un ruban bleu de ciel, qui gardait ses cheveux.

Le sourire mutin de sa bouche mignonne

Sur sa lèvre appelait les baisers amoureux.

Le desœuvré lui dit qu'elle était plus que belle,

Qu'il n'avait jamais vu de profil si charmant!

Il ne se trompait pas; aussi bien le crut-elle

Et lui donna son cœur. Il devint son amant!

L'enfant séduite, alors, se trouva bienheureuse.

Lui, le bel amateur, contait à tout Paris

Qu'il allait chaque jour admirer un beau Greuze.

On se lasse! — L'amant fut peu de temps épris.

Il délaissa bientôt la vierge déflorée.

Marie encore un peu vécût de son amour

Puis elle s'éteignit, rose décolorée

Qu'après avoir sentie on jette au carrefour.

Le soir qu'on l'enterra, je vis dans la boutique
Une toile crasseuse avec ces mots dessous :
J. B. GREUZE *pinxit*. — Elle était authentique.
Plus tard on la vendit, je l'achetai cent sous.

C'était tout le portrait de la pauvre Marie,
Sa mère s'en défit *pour ne pas qu'il fût là !*
Elle aimait son enfant avec idolâtrie,
Et ce fut pourquoi l'ange un matin s'envola.

LE TALON D'OR

LE TALON D'OR

J'éprouve un singulier plaisir
A flâner seul après la pluie,
Alors que dans l'air le zéphir
Blanchit les pavés qu'il essuie,

Trousse et fait claquer les jupons

Déjà relevés des fillettes,

Dont les mollets, aimés fripons,

Font voir leurs formes rondelettes.

Quel poëme charmant je lis,

Grâce au vent et grâce à l'ondée !

A voir la jambe, je me dis :

« Si la Muse ainsi secondée

A de telle sorte achevé

Son œuvre, la charmante chose

Que ce bel idéal rêvé,

Que ce corps tout pétri de rose ! »

Il avait plu fort le matin.

Ainsi qu'à travers des persiennes,

Un soleil blanchâtre et chagrin

Voulait tenter les Parisiennes

Hésitant pour aller au bois.

On était au mois de novembre.

Risquant à l'air son frais minois,

Une enfant sortit sentant l'ambre.

Elle allait à pied par raison :

Une gracieuse bottine

En satin noir, à haut talon,

Emprisonnait la jambe fine !

Le talon qu'on voyait dehors

Était d'or, et l'enfant bien mise :

Voilà pourquoi *le huit ressorts*

Était resté dans la remise !

La jambe était d'un beau travail,

Antique sculpture mouvante

Que l'art amoureux du détail

Rêve pour la femme vivante.

Fasciné par le talon d'or,

Artiste poursuivant son rêve,

Mon cœur blessé ressent encor

Le talon de la fille d'Ève.

HÉLÈNE ET THAÏS

HÉLÈNE ET THAÏS

Hélène est belle comme un marbre pentélique,
Mais Hélène est damnable, Hélène n'aime point.
Aucun désir humain n'a mû sa gorge antique,
Sa jeune chair jamais n'a connu de besoin.

Elle n'a point senti son torse, pâmé d'aise,
Fléchir sur des coussins mordu par les baisers.
Dans leurs rêves honteux : « Tu n'as rien qui me plaise, »
Semblent crier à Dieu son corps et ses pensers.

Hélène, arrête-toi dans ton affreux blasphème ;
Pour ton stupide corps il n'est pas de bonheur :
Tu chéris une femme, et cependant l'on t'aime !
Ton cœur est pour Thaïs, que tu nommes ta sœur.

Quand elle vient vers toi, ta prunelle profonde
Se dilate, et ta lèvre à son oreille dit :
« Enfant, viens sur mon sein boire l'oubli du monde »
A ce coupable appel, Thaïs ta sœur pâlit.

Car elle dans sa chair sent son sexe de femme,
Elle aspire l'amour, ce bien donné par Dieu
Au mortel hébété, comme un puissant dictame.
Quand tu lui dis ces mots, elle te dit adieu.

Thaïs est jeune aussi; sa beauté, moins austère
Que ta froide beauté, demande le plaisir
Qu'elle-même promet; sa lèvre moins sévère
Pour la bouche gourmande irrite le désir.

Thaïs connaît l'amour, cette chaleur de l'âme;
Hélène ne connaît que son corps trop parfait.
Anathème ou pardon! qu'importe? Hélène est femme.
Quand il la créa, Dieu put dire : « J'ai bien fait. »

A LA MORGUE

A LA MORGUE

Ils étaient là tous deux plus glacés que les dalles
Sur lesquelles leurs corps nous paraissaient dormir ;
Leurs oreillers de cuivre étaient aux trois quarts sales,
Et leur bouche à tous deux semblait prête à vomir.

L'homme déjà gonflé se courbait sur lui-même.

Il ne restait plus rien des contours gracieux

De la femme au cadavre étendu pâle et blême

A côté. — Les seins blancs, ces hochets d'amoureux,

Étaient flasques ; la hanche était presque effacée,

On la distinguait peu du torse déformé,

Et sa lèvre menteuse était violacée :

C'était un rêve rose en monstre transformé !

Souvent j'avais baisé ces tresses odorantes,

Infectes aujourd'hui ; d'un beau noir autrefois,

A présent sans couleurs ; autrefois abondantes,

Maintenant sans racine et cédant à leur poids.

Ce n'était plus le corps, ce n'était plus la femme,

C'était un souvenir perdu dans le brouillard,

Souvenir sans douceur que ne garde point l'âme,

Tableau sans consistance, esquisse du hasard.

Était-ce là la bière et le suaire en toile

Qu'elle avait désirés ? Était-ce le cadeau

De son dernier amant, qui, pour ravir l'étoile

De ses yeux aux regards des *metteurs* au tombeau,

Avait prié les flots d'enlacer son amante,

De la meurtrir assez pour la décomposer ?

Triste congé d'un cœur, quand l'âme survivante

Dans un monde meilleur doit aller reposer !

MEMOR ET IMMEMOR

MEMOR ET IMMEMOR

La nuit avait vêtu sa capuche d'azur,

A ses doigts scintillaient plusieurs milliers d'étoiles,

Ces diamants dont Dieu parsème le ciel pur,

Aussi charmant ainsi qu'une femme sans voiles.

Nous répétions ensemble une stance d'amour :
A travers une ogive, un rayon de la lune
Éclairait ton front fier, et, jetant alentour
De ton corps sa clarté, blanchissait ta peau brune.

Autour de moi tes bras s'avancèrent câlins,
Un soupir s'exhala de ta gorge charmeuse ;
Adoucissant soudain tes accents léonins :
« Doux trésor de mon cœur ! dis-tu, je suis heureuse !

« Tu m'aimes, je suis tienne, et la nuit est à nous.
La lune semble unir ses placides caresses
A nos baisers sans fin : son œil profond et doux,
Orné de cils d'argent, est rempli de tendresses.

« Ainsi j'adorerais m'endormir pour toujours !
A mes yeux alanguis une nuit éternelle
Serait douce ! ô mon cœur ! Pour manteau de velours
Donne-moi des baisers ; pour robe de dentelle,

« Encore des baisers ; puis pour faire un cercueil
Donne-m'en cent, puis mille, et, de volupté lasse,
Je m'endormirai comme au fond d'un bon fauteuil.
Toi, tu me cacheras si mon cher mari passe ! »

La lune nous gardait quand le jour ravisseur
Des plaisirs s'en revint nous ravir à la vie :
Rien n'avait altéré l'implacable splendeur
De son œil revenu fauve et vierge d'envie.

Au bras de son mari qui la couvait des yeux,
Je la revis plus tard. — C'était une Romaine,
Qui se laissait aimer comme les flots houleux,
Insensibles et froids, qu'un caprice déchaine.

5 août 1864.

FLEVI SUPER EAM

FLEVI SUPER EAM

Te souviens-tu, cher cœur, qu'en soupant l'autre soir,

Ta tête sur mon cou s'inclina si charmante

Qu'une larme soudain sur ton front vint à choir?

Je pleurais, et tu crus, dans ton âme ignorante,

Au délire d'un être en extase ravi.

Doux trésor , je songeais! Aimable charmeresse,

Je te trouvais trop belle et j'en étais marri.

Je refoulai bien loin ma stupide tristesse,

Sur tes lèvres'je bus mon bon vin des bons jours,

Je me grisai de toi ; mais, l'ivresse passée,

— L'aimable déraison ne dure pas toujours , —

Je revins promptement à ma triste pensée.

« Qu'as-tu donc ? » me dis-tu. Il me fallut, cher cœu

Désenchanter ton rêve à sa première aurore.

C'était tôt regarder au fond de ton bonheur !

C'était dissiper vite un brillant météore.

— J'avais vu dans le jour un cercueil en sapin ;

Le bois mal raboté comptait plusieurs fissures

Qui laissaient voir le fond. Pour coussins de satin

La Morte allait avoir d'horribles vermoulures.

La Morte avait quinze ans; on l'aimait comme toi,

Et son petit corps rose allait dans quelques heures

Se trouver renfermé dans ce cercueil si froid. —

Je pensai que plus tard dans les sombres demeures

Ta tête si câline irait se reposer

Pour devenir aussi dégoûtante et hideuse ;

Qu'un même bois rugueux viendrait aussi baiser

Ton épaule de marbre et ta gorge peureuse,

Meurtrirait ton pied blanc ; qu'un même clou rouillé

Clôturerait la bière et serait la serrure

Qui devrait te garder ; et qu'ainsi verrouillé,

Ton être s'en irait loin sous la terre dure !

Que deviendra ton corps, cortége de beautés ?

Alors où s'en iront ces délirantes choses,

Toutes mélanges d'ombre et faites de clartés ?

Que deviendra ton corps fait de lait et de roses ?

14 août 1864.

L'AMANTE AUX YEUX GLAUQUES

L'AMANTE AUX YEUX GLAUQUES

J'aime ta chevelure et ton regard amer,

Tantôt profond et doux, tantôt ardent, terrible ;

Je t'aime avec fureur, toi qu'on nomme LA MER !

A ton heure soumise, à ton heure invincible !

Plein d'un heureux effroi, j'adore le fracas

Avec lequel tu romps, femme capricieuse,

Ton corset bleu d'azur, pour étirer tes bras,

Et fais bondir tes seins à la pointe orageuse !

Qu'ils te vont bien ces airs insolemment railleurs,

Quand, le soir de la nuit où va crever l'orage,

Ta longue robe en moire aux cent mille couleurs

De ses mille volants balaye le rivage !

Pour tes jours de sabat, vampire séduisant,

Quelquefois tu choisis une robe grisâtre

Que frange tout autour une écume d'argent :

— Coquette qui veux plaire au cœur qui l'idolâtre. —

Alors ton sein frémit sous l'humide velours ;

L'aigue-marine perle aux agrafes rosées

De ton corsage ouvert, que des craquements sourds

Font pareil à celui des jeunes fiancées.

Puis, en un seul instant changeant tes airs câlins,

Tu deviens courtisane insolente et rageuse

Qui souflette les rois tout comme les faquins.

Alors, de tous côtés on vient te voir, charmeuse !

Je suis triste et malade. En ton sein reçois-moi :

Fatigué de baisers avinés et fétides,

Je veux quelques instants me retremper dans toi,

J'en sortirai plus jeune et mes sens plus valides.

Fais-moi sentir encor tes muscles de titans,

Accorde carte blanche à tes nerfs en démence,

Tes nerfs que la science appelle *des courants*,

Et qui te font hurler comme un corps en souffrance.

Gronde, mugis, sois belle à nous faire frémir :

Il nous faut ton raout, bacchanal effroyable.

Les carènes déjà commencent à gémir ;

Mouettes, goëlands, cormorans, sont à table.

SURSUM CORDA

SURSUM CORDA

Recueille-toi, mon âme.

Sur un bloc de cristal

Isole ta candeur;

Donne-moi ce dictame

Qui doit guérir mon cœur,

Ce cœur, pauvre féal

Des beautés de plastique,
Qu'un succube aux yeux verts
Sans cesse revendique
Pour ses tombeaux aperts.

Fi de ces filles pâles,
Êtres inachevés,
Aux malingres rondeurs :
Leurs souffles sont des râles.
Leurs lèvres, sans couleurs,
Fruits amers réprouvés,
Trahissent la souffrance,
Et leurs yeux hébétés,
Fixes de nonchalance,
Mentent aux voluptés.

Je retourne à mon rêve,
Impalpable beauté,

Idéal éternel

Que la mort seule achève ;

Mon rêve anticharnel,

Femme au corps velouté,

Que les yeux de mon âme

Ont pu seuls regarder,

Eux qu'un désir infâme

Ne peut affriander !

REPOSE-TOI

REPOSE-TOI

Repose sur mon sein ta tête endolorie;

Le temps a tôt tracé des rides sur ton front.

Pauvre âme, assez de pleurs! sèche tes yeux, Marie.

Ton cœur n'était point fait au vent qui brise et rompt.

De limpides yeux bleus ta figure éclairée

Voulait pour passion un amour doux et blond.

C'est que, vois-tu, chère ange, à toute âme éthérée
L'orage qui tourmente est un poison mortel.
Il te fallait la paix, créature adorée!

Tes yeux, tes grands yeux bleus, azur pris dans le ciel,
Sont comme ces beaux lacs remplis de transparence :
Pour eux un peu de houle est l'ouragan réel.

L'eau d'azur se ternit et revêt l'apparence
D'une nappe de crêpe aux bordures d'argent :
La baigneuse en éveil fuit avec méfiance.

Ton cœur n'était point fait pour un brutal amant ;
Ses durs embrassements ont creusé des ornières,
Ils ont stigmatisé ton beau corps innocent.

Que de fois l'insomnie a rougi tes paupières!
Pardonne-lui pourtant..., le mal vient de tes yeux.
Que son nom quelquefois se mêle à tes prières !

Est-ce sa faute à lui si tes yeux sont si bleus ?

Fort souvent dans l'amour il est une victime :

Tu l'as été, Marie. On est si bien à deux !

Lorsqu'entre deux amants l'union est intime,

L'un des deux donne tant qu'il ne peut recevoir ;

Il abdique et s'enferme en un rôle sublime !

Refoule donc bien loin dans un grand encensoir

Cet amour parfumé dont le relent encore

A tes narines monte et fait ton désespoir.

A nous autres qu'un souffle et fait vivre et dévore,

Poëtes romanciers, il faut un ouragan,

Une tourmente, un ciel que l'orage colore !

Notre barque à nous tous aime à tanguer souvent :

Tantôt les flots houleux, tantôt la nuit brumeuse,

Tantôt la plage calme au murmure dolent !

Tantôt des yeux bistrés et la lèvre rêveuse ;

Aujourd'hui des yeux bleus comme aussi des yeux verts ;

Chevelure or ce soir, demain tresse cendreuse.

Enfant, repose-toi, retiens tes pleurs amers.

Souviens-toi, mon cher cœur, des ravissantes choses

Qu'une nuit où pour toi je fus tout l'univers,

Ont dites sur mes yeux tes belles lèvres roses.

19 août 1864.

FÉERIE

FÉERIE

J'étais avec Mignonne !
Il faisait beau soleil,
Mai, ce mois sans pareil,
Avait ceint sa couronne.

Sur cent gammes, l'air bleu
Chantait amour, jeunesse,
Ces deux mots de Faunesse
Qui vous font croire à Dieu !

La robe en mousseline,
— Cet engin des beaux jours
Grand ébauchoir d'amours, —
Allait, venait, câline.

Mignonne avait quinze ans ;
Je pressais son corsage
Et rêvais une page
Pour de nouveaux romans.

Tout était frais chez elle,
Sa robe et son chapeau ;
Tout était simple et beau.
Point de col en dentelle.

Mais le sang affluait

Sous la peau blanche et rose,

Pêche au soleil éclose

Avec un blond duvet :

Le sang ! jeunesse et vie,

Ces trésors regrettés

Des vieillards édentés

Que consume l'envie.

Elle avait joint ses mains;

A mon bras suspendue,

Elle marchait tendue

Sans souci des chemins.

Soleil et poésie

Sont si beaux à quinze ans,

Et leurs enchantements

Sont si bons dans la vie !

A cet âge jamais

On ne jette la sonde

Dans les chancres du monde.

Vieillir n'est pas français!

Comme dans la revue,

Tout à coup le décor

De paillettes et d'or

Change au coin de la rue.

Une femme en haillons

Vint demander l'aumône:

Elle avait le teint jaune.

A travers ses jupons

On voyait la guenille.

Elle avait eu ses jours

De printemps et d'amours.

On la nommait Camille.

La folle d'autrefois

Vendait des allumettes !

Écrasant les grisettes

Dans les chemins du bois,

On l'admirait naguère

Menant ses alezans ;

Et nombreux courtisans

L'appelaient ma très-chère.

Mignonne prit deux sous,

Et sa main potelée

Toucha la main hâlée.

A ce contact si doux,

La pauvresse éveillée

Leva ses deux grands yeux ,

Nous regarda tous deux :

Sa joue était mouillée.

Puis le rideau baissa.

Une pauvre tourière

Avec un long rosaire

Fort près de nous passa.

Singulière féerie,

La courtisane Éros

Au corps fait de Paros

Rouvrait la rêverie.

Sous la guimpe ses seins !

Sous la robe de bure

La divine courbure

De ses plastiques reins !

Quand la première ride

Avait un maudit soir

Contourné son œil noir,

La trop coquette hybride

Renvoya son amant :

Sur ses épaules rondes

Ses longues tresses blondes

Tombèrent au couvent!

Se voyant reconnue,

La sœur baissa les yeux

Comme un enfant peureux

Et prit une autre rue.

Au théâtre, le soir,

Émerance en ouvreuse,

— Une ancienne amoureuse, —

Était dans le couloir.

Un bizarre caprice

La fit nous approcher.

« Monsieur semble chercher?

Dit-elle. Éva l'actrice

Chasse après un milord.

Elle est là dans la loge. »

L'ouvreuse en fit l'éloge,

Ce qui me surprit fort.

La pièce était morale :

On prônait la vertu,

Tout comme à l'Ambigu ;

On fit trêve au scandale.

Par un fait du hasard,

L'acte dernier du drame,

Commencé sans programme,

Finit au boulevard.

Devant une boutique,

Misère aux longues dents

Attirait les passants

Avec un buste antique.

C'étaient César, Caton,
Que la vieille pauvresse
Montrait dans sa détresse,
Au moyen d'un lampion.

La clarté vacillante
De ce lampion fumant
Attirait le passant,
Près de la mendiante.

Mignonne regardait
Ces mouvantes poupées,
Par l'ombre découpées.
— Mon désir attendait ! —

La pauvresse chantonne,
Et tout bas dit ceci :
« Dans un an elle aussi. »
Elle montrait Mignonne.

La femme au châle noir,

C'était la belle Yvonne.

Ne voyant plus personne,

Elle me dit bonsoir.

FIN

TABLE

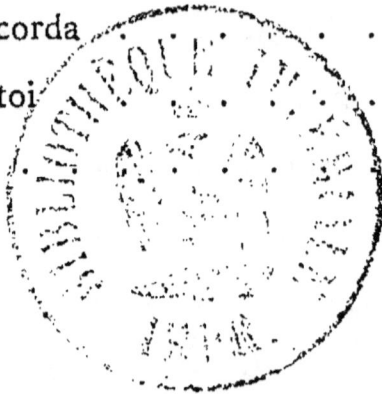

Paris, imp Jouaust.

LVMIERE

ENCORE

PLVS DE

1866

Paris, imprimerie Jouaust, rue Saint-Honoré, 338.

www.ingramcontent.com/pod-product-compliance
Lightning Source LLC
Chambersburg PA
CBHW072108090426
42739CB00012B/2890